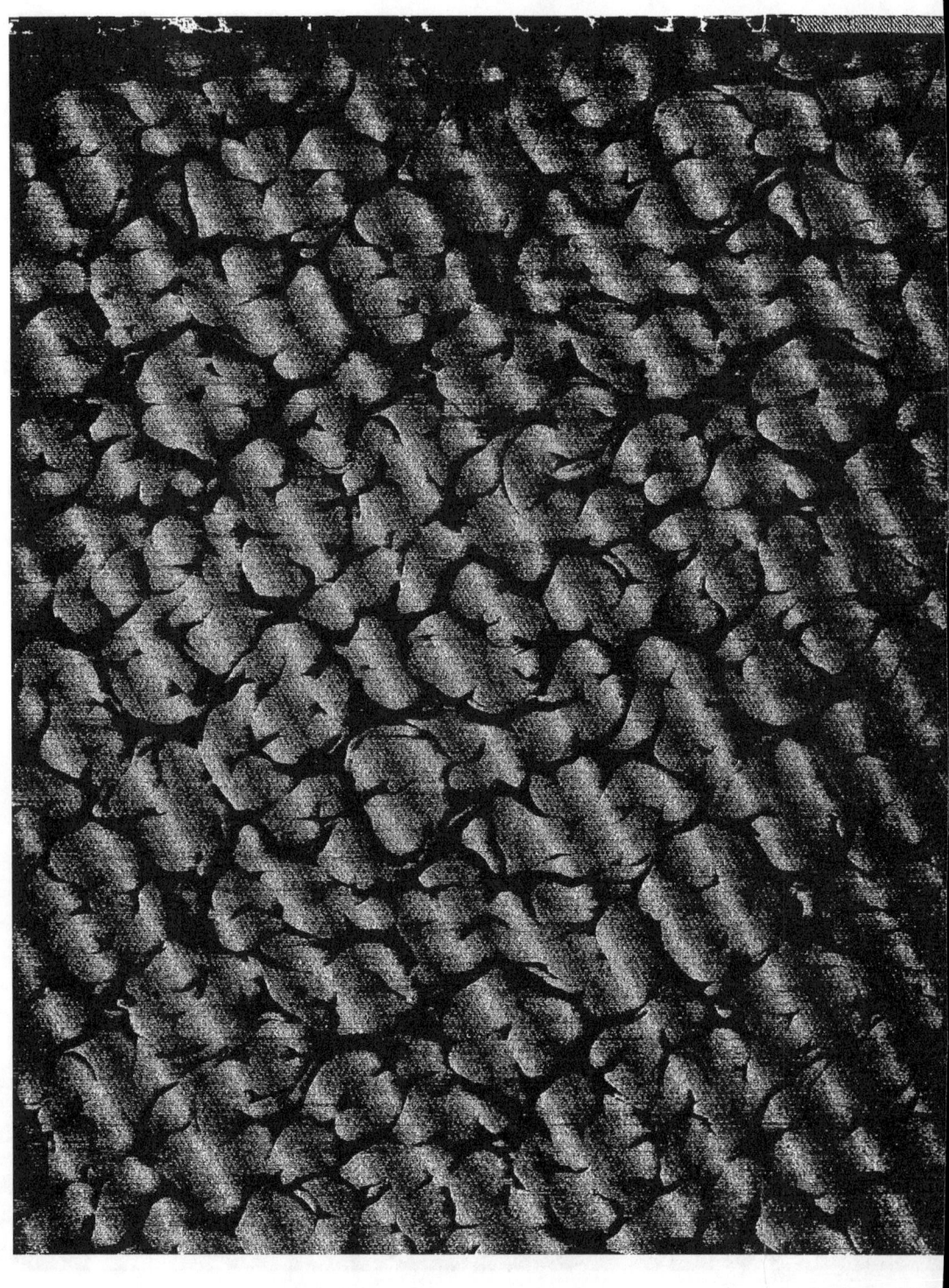

TENS REC

7781

TRAITÉS INÉDITS

SUR LA

MUSIQUE DU MOYEN AGE

PAR

E. DE COUSSEMAKER

Correspondant de l'Institut,
Membre correspondant de l'Académie Impériale de Vienne,
Membre titulaire non-résident du Comité Impérial des travaux historiques,
Associé de l'Académie Royale de Belgique, Membre honoraire de la
Société Royale des Antiquaires de Londres, etc.

M DCCC LXV

LILLE. — IMPRIMERIE DE LEFEBVRE-DUCROCQ, RUE ESQUERMOISE, 57.

TRAITÉS INÉDITS

SUR LA MUSIQUE DU MOYEN AGE [1]

L'histoire de la musique n'a commencé à être traitée d'une manière sérieuse que depuis qu'on a été à même d'en étudier les éléments dans leurs véritables sources, c'est-à-dire dans les documents et les monuments originaux. Le prince-abbé Gerbert a rendu un service éminent à la science en tirant de l'oubli et en publiant dans son « Scriptores de musica sacra potissimum » (3 vol. in-4º, 1784) un grand nombre d'ouvrages inédits d'auteurs qui ont vécu depuis le IIIᵉ siècle jusqu'au XVᵉ. Cette publication a fait une révolution dans les études historiques concernant la musique; elle a été le point de départ

---

[1] Les lignes que l'on va lire ont paru dans les « ANNALES ARCHÉOLOGIQUES de M. Didron », t. XXIV, p. 330, qui les a accompagnées de la note suivante :

« M. de Coussemaker vient d'achever la publication du premier volume de son grand ouvrage qui a pour titre : « SCRIPTORUM DE MUSICA MEDII ÆVI NOVA SERIES », fort in-4º à deux colonnes, imprimé, texte et notation, en caractères neufs ou fondus exprès. En tête de ce beau et important volume, M. de Coussemaker met une préface qui résume les particularités principales de l'ouvrage. Cette préface est écrite en latin, parce que tous les traités qui composent la publication appartiennent à cette langue. A notre demande, M. de Coussemaker a traduit sa préface en français et l'a augmentée de faits propres à intéresser les lecteurs des « ANNALES ». Voici cette préface, un peu technique, un peu longue peut-être pour nous qui ne sommes que des « monumentalistes ». Mais il est bon de faire quelque chose pour la musique du moyen âge, qu'on ignore beaucoup trop, et que d'autres qui, d'abord, avaient paru l'étudier et l'aimer, ont fini par abandonner à son malheureux sort. On nous saura gré d'être fidèle à l'adversité et, comme M. de Coussemaker, de proclamer la musique des XIIᵉ, XIIIᵉ et XIVᵉ siècles digne d'être étudiée comme on étudie l'architecture, la sculpture, la peinture et la poésie de cette période incomparable dans l'histoire de l'art. »

de tous les travaux solides sur le chant ecclésiastique et la musique mesurée, qui se sont succédé depuis la fin du dernier siècle jusqu'à nos jours.

Mais Gerbert est loin d'avoir puisé à toutes les sources; il est loin d'avoir connu tous les trésors contenus dans les bibliothèques de France, d'Italie, d'Allemagne, d'Angleterre et de Belgique.

Plusieurs des plus importants documents sont restés manuscrits. La période la moins bien représentée dans sa collection est celle du XIIe et du XIIIe siècles, une des plus intéressantes pour l'histoire de la musique moderne; c'est pourquoi nous avons pensé qu'il convenait de faire figurer de préférence dans notre premier volume les traités de cette époque sur laquelle il règne le plus d'obscurité. Nous espérons que les documents que nous éditons seront de nature à répandre quelque jour sur cette partie de l'histoire de l'art.

Le chant ecclésiastique y a aussi une bonne part. Il suffit d'indiquer le traité de Jérôme de Moravie, ceux de Jean de Garlande, du nommé Aristote, de Pierre de La Croix et de plusieurs anonymes, pour faire voir de quels secours ils peuvent être pour l'histoire de la musique sacrée.

Pour faire apprécier à vol d'oiseau, pour ainsi dire, l'importance de la publication, nous avons groupé ici l'ensemble des notes biographiques et surtout bibliographiques afférentes à chaque auteur et à chacun de ses traités. On aura, par cela même, une idée sommaire de ce que pouvait être la musique ou du moins son enseignement au moyen âge.

I

TRAITÉ DE JÉRÔME DE MORAVIE.

Jérôme de Moravie, ainsi nommé parce qu'il était originaire du pays de ce nom, vécut dans la première moitié du XIIIe siècle, dans le couvent des Dominicains établi rue St-Jacques, à Paris. On ne sait sur sa vie rien autre chose que ce qui est rapporté dans le « Scriptores ordinis Prædicatorum » par les PP. Quétif et Eccard, et que nous reproduisons ici : « Hieronimus de Moravia, e regno scilicet seu principatu hujus nominis

Boemiam inter et Hungariam sito ortus, a nullis, quod sciam, seu nostratibus seu extraneis nomenclatoribus recensitus, præterquam a Simlero, idque leviter et non accurrate, e tenebris nunc eruitur et in apertam lucem producitur. Medio sæculi XIII, circa S. Thomæ de Aquino tempora, claruisse videtur et saltem annis quibusdam in domo Sanjacobea Parisiensi egisse. Sic conjicio ex cod. Ms. memb. fol. par. n° 1, p. 896, in Sorbona etiamnum conservato, ex legato Petri de Lemovicis ejus Gymnasii socii et ipsius Roberti de Sorbona equalis et ab anno M CC LX sodalis individui ». D'où il résulte que Jérôme a vécu antérieurement à la seconde moitié du XIIIe siècle. On doit seulement ajouter que c'était un musicien très-instruit. Il est, en effet, auteur et compilateur d'un traité qui porte pour titre : « Tractatus de musica, compilatus a fratre Ieronimo Moravo, ordinis fratrum prædicatorum ». Il est contenu dans le manuscrit de la Bibliothèque impériale de Paris, supplément du fonds latin, n° 1817, autrefois à la Sorbonne sous le n° 1244, format in-4° à deux colonnes, 187 feuillets, plus un feuillet non paginé. Sur le recto de ce feuillet est dessinée la main musicale; sur le verso, on lit : « Iste liber est pauperum magistrorum de Sorbona, ex legato Mi Lemovicis, quondam socii domus hujus in quo continetur musica fratris Ieronimi. » On lit un peu plus bas : Pretii XX s. — Incathenabitur in capella — 64us inter quadriviales. »

Ces mentions sont précieuses : le donateur, Pierre de Limoges, avait acheté le volume vingt sols ; il voulut que le manuscrit fût enchaîné dans la chapelle. Ce volume était le soixante-quatrième de la classe des livres faisant partie du « Quadrivium ».

Parce que Jérôme de Moravie se dit lui-même compilateur, M. Fétis en conclut qu'il n'a pas inséré les traités de quelques-uns de ses prédécesseurs ; qu'il était compilateur et non copiste ; qu'il a dû retrancher et quelquefois ajouter [1]. C'est une erreur. Jérôme de Moravie est à la vérité compilateur ; il reproduit des fragments plus ou moins considérables de Boèce, d'Isidore de Séville, d'Al-Farabi, de Ricard ; mais il rapporte en leur entier les traités de Jean de Garlande, de Francon de Cologne et de Pierre Picard. En outre, les chapitres XVIII à XXV et le chapitre XXVIII sont de lui ; s'ils avaient appartenu à un autre auteur, il n'eût pas manqué d'en instruire le lecteur, comme il l'a fait pour les autres.

---

[1] « Biographie universelle des musiciens », 2e éd., t. III, p. 409.

Jérôme de Moravie était donc musicien et musicien versé dans la théorie et la pratique, tant de la musique mesurée que de la musique ecclésiastique. Son traité est un des plus importants qu'on connaisse.

Le manuscrit porte des additions et des corrections qui paraissent émaner de la même main que celle qui a écrit le corps du volume, ce qui donnerait à croire que le manuscrit est autographe. On trouve ensuite sur les marges des annotations de deux autres mains, l'une de la fin du XIIIe siècle, l'autre du XVe. Nous avons eu soin de reproduire les premières, dont quelques-unes offrent des éclaircissements intéressants. Quant à celles du XVe siècle, nous avons dû les omettre entièrement, à cause des mutilations que leur a fait subir le couteau du relieur.

Le traité de Jérôme de Moravie est resté inédit jusqu'à ce jour. Une partie de la préface et la table seulement ont été imprimées par les PP. Quétif et Eccard dans leur ouvrage, cité plus haut, par Prochasha[1] et Dlabacz[2].

Un mot maintenant sur les ouvrages de déchant contenus dans le traité. La publication pourrait s'en faire de deux manières : ou bien on pourrait donner le traité entier de Jérôme, tel qu'il est, en laissant à la place qu'ils occupent le traité de déchant vulgaire, et ceux de Jean de Garlande, de Francon et de Pierre Picard ; ou bien on pourrait en distraire ces derniers et leur donner une place particulière dans le volume. Nous avons donné la préférence au premier mode, afin de ne pas détruire l'ensemble tel qu'il a été créé par le savant Dominicain. Mais, pour donner autant que possible satisfaction à ce que l'autre mode peut présenter d'avantageux, nous avons mis un grand titre en tête de chacun des traités particuliers dont il vient d'être parlé, et nous allons consacrer ici à chacun d'eux une notice comme s'ils avaient un numéro spécial.

TRAITÉ DE DÉCHANT VULGAIRE. — Jérôme de Moravie est le seul auteur, à notre connaissance, qui mentionne ce traité. Il nous apprend en même temps que le nom de doctrine vulgaire « positio discantus vulgaris », lui a été donné parce qu'elle est d'un usage général chez certaines nations, et parce qu'elle est plus ancienne que toutes les autres[3].

---

[1] « Commentarius de sæcularibus liberalium artium in Bohemia et Moravia fatis », p. 123.

[2] « Dictionnaire historique des artistes de la Bohême », t. II, p. 333.

[3] « Qua quia quædam nationes utuntur communiter, et quia antiquior est omnibus, vulgarem esse dicimus ».

L'auteur d'un traité anonyme du Musée britannique[1] parle aussi d'une doctrine antérieure à celle de Jean de Garlande et de Francon, dont Robert de Sabillon, maître de chapelle de Notre-Dame de Paris, était l'auteur. Est-ce la doctrine dont il s'agit ici? Il serait difficile de l'affirmer, mais toutes les probabilités sont en faveur de cette hypothèse. Quoi qu'il en soit, ce document est précieux pour l'appréciation de l'art à cette époque.

TRAITÉ SUR LA MUSIQUE MESURÉE DE JEAN DE GARLANDE[2]. — On ne connaît ni le lieu, ni la date de naissance de cet écrivain. On n'est pas même d'accord sur l'orthographe de son nom. Jérôme de Moravie l'appelle tantôt « Johannes dictus de Garlangia », tantôt « Johannes de Garlandia ». Robert de Handlo et Jean Hanboys le nomment « Joannes de Garlandia ». Adrien de La Fage[3] cite un manuscrit de la bibliothèque de Pise où, dans un traité commençant par ces mots : « Volentibus introduci in arte contrapuncti, etc. », il est appelé « Jean de Guerlande ». Enfin, dans un traité de Philippe de Vitry, de la bibliothèque du monastère d'Einsideln, on le nomme « Joannes de Garlandia[4] ».

Voici maintenant les traités de musique qui portent le nom de Jean de Garlande :

1º Le traité de musique mesurée contenu dans l'ouvrage de Jérôme de Moravie;

2º Le même, avec variantes, dans un manuscrit du Vatican;

3º Le traité de plain-chant inséré dans le manuscrit de Saint-Dié sous le titre de : « Introductio musicæ »;

4º « Optima introductio in contrapunctum pro rudibus », dans un manuscrit d'Einsideln et de Pise;

5º Jean de Garlande était auteur d'un traité de plain-chant; son traité de musique mesurée commence par un passage où cela est dit formellement;

6º Robert de Handlo et Jean Hanboys citent des passages d'un ouvrage qu'ils attribuent à Jean de Garlande.

Si l'on recherche l'époque où a été écrit le traité de musique mesurée rapporté par

---

[1] « Scriptorum etc., » t. I, p. 327.

[2] Ce traité de Jean de Garlande est intitulé : « POSITIO de musica mensurabili ». Personne n'admettra, pensons-nous, l'interprétation donnée au mot « positio » par M. Fétis, « Biogr. univ. des musiciens », 2ᵉ éd., p. 409.

[3] « Essais de diphthérographie musicale », p. 388.

[4] Le R. P. Schubiger, en nous communiquant ce renseignement, exprime la pensée que le traité d'Einsideln doit être attribué à Jean de Garlande, qui était à la fois médecin, poète et grammairien.

Jérôme de Moravie, on peut affirmer qu'il est antérieur au XIIIe siècle, puisqu'il est mentionné par l'anonyme du Musée britannique, dont le traité est antérieur à Henri III. La doctrine de ce traité est d'ailleurs en rapport avec l'état de l'art à cette époque.

Ce fait, joint à cette autre circonstance, que le chanoine de Besançon, Jean Gerland ou Garland, était versé dans la connaissance des beaux-arts, nous a fait penser qu'il était l'auteur du traité en question. Mais cette attribution peut soulever plus d'une objection : aussi n'avons-nous pas exclu la supposition que ce traité pouvait être l'œuvre d'un maître Jean de Garlande qui, suivant M. Victor Le Clerc, membre de l'Institut, « fut peut-être surnommé de Garlande, moins pour ses rapports avec la noble famille de Garlande que pour avoir enseigné la grammaire et la logique dans le clos de Garlande, nommé depuis Gallande, où s'établirent quelques-unes des plus anciennes écoles de l'Université[1] ». Les renseignements qui suivent rendent cette supposition vraisemblable. On lit dans le traité d'Einsideln : « Johannes de Garlandia, quondam in studio Parisino expertissimus atque probatissimus ». Enfin le traité de la bibliothèque de Pise finit ainsi : « Et hæc dicta de contrapuncto secundum magistrum Johannem de Guerlande in studio Parisiensi, in nostra schola musicali ».

Jean de Garlande ou Galande était donc maître à l'Université de Paris et en même temps écrivain sur la musique. D'après cela, il est probable que le traité rapporté par Jérôme de Moravie lui appartient. Le mot « quondam » dont se sert Philippe de Vitry, qui vivait à la fin du XIIIe siècle, indique que Jean de Garlande avait vécu longtemps auparavant. Ce fait concorde bien d'ailleurs avec l'époque que nous assignons comme celle où a été composé le traité de Jean de Garlande.

Mais il existe, on l'a vu plus haut, d'autres ouvrages qui portent le nom de Jean de Garlande ou qui lui sont attribués. Ces ouvrages indiquent un état de l'art beaucoup plus avancé que celui que donne Jérôme de Moravie, et que possède le Vatican. Quand on rapproche de ce dernier celui qui se trouve à la fois dans la bibliothèque de Pise et dans celle d'Einsideln, quand on le compare avec les passages cités par Robert de Handlo et par Jean Hanboys, comme extraits de Jean de Garlande, on est frappé de la différence de

---

[1] « Histoire littéraire de la France », t. XXI.

doctrine enseignée dans les deux. Cette différence est telle, qu'il a dû s'écouler près d'un siècle entre la rédaction de ces deux documents.

Comment expliquer ce fait ? Il faut en conclure, pensons-nous, qu'il a existé deux écrivains du nom de Jean de Garlande, ayant vécu à deux époques différentes, quoique peu éloignés l'un de l'autre. Ce point admis, nous croyons qu'il faut attribuer les traités composé à la fin du xiie siècle à Jean de Garlande, maître à l'Université de Paris ; quant aux traités qui ont été écrits à la fin du xiiie siècle, ils doivent être assignés à un autre Jean de Garlande.

ART DU CHANT MESURABLE PAR FRANCON DE COLOGNE. — L'« Ars cantus mensurabilis » a pour auteur Francon de Cologne; cela est aujourd'hui hors de doute, mais il n'en est pas de même à l'égard de l'époque où cet auteur vécut. Les uns la fixent à la fin du xie siècle, et prétendent que ce Francon est le même que l'écolâtre de Liége, à qui on a attribué un ouvrage sur la quadrature du cercle; les autres, se fondant principalement sur la comparaison de la doctrine de Francon de Cologne avec la situation de l'art, soutiennent qu'il n'a pas vécu avant la fin du xiie siècle.

Nous ne reproduirons pas les longues dissertations que cette question a soulevées; nous n'analyserons même pas les renseignements principaux exposés de part et d'autre. La question nous paraît résolue en présence de faits révélés par l'anonyme du Musée britannique, publié dans notre collection sous le titre de « de mensuris et discantu », et d'où il résulte qu'il a existé un Francon antérieur à Francon de Cologne, et des traités sur la musique mesurée plus ancienne que celui du maître colonien[1].

L'« ars cantus mensurabilis » a été publié pour la première fois par l'abbé Gerbert dans le tome III de son « Scriptores ecclesiastici de musica sacra potissimum », d'après un manuscrit de la bibliothèque Ambrosienne de Milan. Mais cette édition laisse beaucoup à désirer sous le rapport du texte et des exemples de musique. Le texte de Jérôme de Moravie est généralement bon ; les exemples sont exacts. Nous en avons fait la base de notre édition. Afin qu'elle fût aussi complète que possible, nous l'avons collationnée sur les meilleures copies connues, en y ajoutant les variantes utiles.

---

[1] Ce point historique sera traité d'une manière plus étendue dans notre ouvrage sous presse intitulé : « MUSIQUE HARMONIQUE ET MUSICIENS HARMONISTES AUX XIIe ET XIIIe SIÈCLES. »

Les manuscrits consultés sont les suivants :

Le premier appartient à la Bibliothèque impériale ; il y porte le n° 11267 de l'ancien fonds et provient du fonds de Fontanieu. Dans l'inventaire dressé en 1863 par Léopold Delisle, membre de l'Institut, l'ouvrage est intitulé : « Traité sur la musique, XIIIe siècle ». Le manuscrit n'a ni titre ni nom d'auteur ; l'écriture en est fine, serrée et fort abréviée. Le texte est bon, les exemples sont utiles à consulter ; ceux qui concernent les accords sont d'une main un peu plus moderne que le reste du manuscrit. On lit sur la garde antérieure : « Iste liber est Johannis de Plivis, canonici Sancti-Dyonisii Remensis. »

Le second manuscrit que nous avons examiné appartient à la bibliothèque de St-Dié, où il a été découvert par M. Grosjean, organiste de cette ville. Ce manuscrit est du XIVe siècle. L'écriture en est nette et facile ; les abréviations en sont régulières. Le copiste, « Frater Jordanus de Blankenburg », était probablement musicien, car les exemples sont généralement écrits d'une manière correcte ; mais il ne paraît pas avoir été très-versé dans la langue latine, le texte fourmille de fautes grossières. Nous y avons trouvé quelques variantes utiles.

Enfin, le troisième manuscrit qui a été collationné est celui de la bibliothèque Ambrosienne de Milan.

La réunion de ces divers éléments nous a permis de donner une édition en rapport avec l'importance de l'ouvrage et avec la célébrité dont jouit son auteur. Toutefois, cette célébrité devra dorénavant se partager pour être attribuée en partie à un autre maître qui, par suite d'une coïncidence de nom, a été mis à l'écart et oublié. Ce maître est Francon de Paris, auteur d'un traité sur la musique mesurée, qui constate l'initiative des réformes, attribuées jusqu'ici exclusivement à Francon de Cologne. Dans le traité anonyme du Musée britannique, inséré dans notre « Scriptorum », page 326, il est appelé « Franco primus », pour le distinguer de Francon de Cologne.

TRAITÉ SUR LA MUSIQUE MESURÉE DE PIERRE PICARD. — Le nom de Pierre Picard, qui se révèle ici pour la première fois, semble indiquer que ce maître était originaire de la Picardie. Il ne paraît pas avoir eu, aux yeux de Jérôme de Moravie, qui rapporte son traité, et il n'a, en effet, d'autre mérite que celui d'avoir mis la doctrine de Francon de Cologne en abrégé.

Il existait vers la même époque un artiste du nom de Pierre de La Croix (« Petrus de

Cruce »), natif d'Amiens, dont il sera parlé plus loin, et qui était auteur d'un traité sur la musique mesurée ; mais ces deux noms ne s'appliquent pas à un même personnage. Par des extraits qu'en donnent Robert de Handlo et Jean Hanboys, il est facile de voir que l'ouvrage de Pierre de La Croix était différent de celui de Pierre Picard.

Maintenant qu'on a pu apprécier les compilations et les reproductions de traités entiers dont Jérôme de Moravie a enrichi son livre, disons un mot de la part qui lui revient. On voit d'abord un chapitre sur la fonte des cloches et un autre sur le monocorde; ensuite, tout ce qui concerne la théorie et la pratique du plain-chant a sa place dans les chapitres xx, xxi, xxii et xxiii, très-utiles à consulter. Quant au chapitre xxv, qui traite du rhythme et de l'ornementation du chant ecclésiastique, il est d'une importance considérable; nous avons cherché à la faire ressortir dans notre « Histoire de l'harmonie au moyen âge », page 123 et suivantes.

Le chapitre xxviii est un document unique; il contient sur l'accord et le diapason des instruments à archet, en usage au xiiie siècle et connus sous le nom de « vièle » et de « rubèbe », des notions pour ainsi dire complètes. Tout porte à croire que Jérôme de Moravie est l'auteur de ces excellentes instructions.

II

MANUEL DE DÉCHANT DE FRANCON DE COLOGNE.

C'est dans ce traité que Francon s'appelle lui-même Francon de Cologne : « Ego Franco de Colonia ». Hawkins et, d'après lui, Burney, ont signalé ce document comme existant dans un manuscrit de la bibliothèque Bodléienne d'Oxford. Nous le donnons d'après une copie faite sur ce manuscrit par les soins de M. Parker, à qui nous adressons nos vifs remercîments.

M. Fétis, à l'article Francon, dans sa « Biographie universelle des musiciens », dit avoir trouvé une copie de ce traité à la Bibliothèque impériale de Paris, sans en indiquer le numéro.

Un manuscrit du xiiie siècle, de cette bibliothèque, fonds Saint-Victor, 548, contenait autrefois un traité intitulé : « Compendium artis musicæ ». Il a été arraché à une époque inconnue; serait-ce là le manuscrit dont parle M. Fétis? Ce qu'on regrette dans le manuscrit d'Oxford, c'est qu'il ne contient pas les exemples de musique qui, d'après le nombre des portées vides et d'après les mots « quadruplum, triplum, medius, discantus », qui accompagnent les premières portées vides, auraient pu offrir un grand intérêt.

III

INTRODUCTION DE LA MUSIQUE SELON MAITRE DE GARLANDE.

Jean de Garlande, l'auteur du « Traité de musique mesurée » dont il est parlé plus haut, était en même temps auteur d'un « Traité sur le chant ecclésiastique ». Le début de son « Traité de musique mesurée » ne peut laisser de doute à cet égard. Cette « Introductio musicæ » est-elle le traité de plain-chant auquel font allusion les paroles que nous venons de citer ? Cela est probable, mais nous n'oserions l'affirmer. Nous avons extrait cette introduction du manuscrit de Saint-Dié.

IV

TRAITÉ DE MUSIQUE MESURÉE DE JEAN DE GARLANDE.

Ce traité, dont nous avons eu occasion de parler dans notre « Histoire de l'harmonie au moyen âge », et dont nous devons la communication à l'obligeance de M. l'abbé Morelot et de M. Danjou, qui l'ont trouvé dans un manuscrit de la bibliothèque du Vatican, est le même que celui que Jérôme de Moravie a inséré dans son ouvrage. Mais les variantes y sont tellement considérables, que la reproduction intégrale de ce document nous a paru indispensable. Ce traité jouissait d'une grande estime; l'anonyme du Musée britannique, dont nous avons déjà parlé plusieurs fois, le cite à diverses reprises comme une autorité; toutefois, il n'en nomme pas l'auteur.

V

TRAITÉ DE WALTER ODINGTON.

Walter Odington a vécu dans la première moitié du XIIIe siècle. Tanner, sur l'autorité de Pits de Basle et de Laland, dit qu'il florissait vers 1240; mais, d'après une charte d'Etienne Langton, Walter, alors moine à Cantorbéry, fut élu archevêque de cette ville en 1228. Comme il s'appelle lui-même dans son traité « monachus Eveshamiæ », il faut conclure qu'il a écrit cet ouvrage pendant qu'il était moine dans ce monastère, par conséquent avant 1228, année de son élection au siége archiépiscopal de Cantorbéry.

Le traité de Walter Odington se trouve dans un manuscrit de la bibliothèque du collège du Corpus-Christi, à Cambridge. Ce manuscrit, le seul connu où soit conservé l'ouvrage du moine d'Evesham, y porte l'indication : 15 c' c' c' c'.

L'écriture est du XVe siècle ; au commencement de plusieurs chapitres, on a laissé des blancs destinés à recevoir des lettrines ornementées. Il est en bon état, excepté le bas des feuillets, qui ont souffert de l'humidité. L'écriture est facile, mais le texte est fort corrompu, ce qui est évidemment le fait de l'ignorance du copiste, qui ne savait pas mieux le latin que la matière qui fait l'objet du traité. Les abréviations y sont nombreuses, comme dans les manuscrits de la même époque. A partir de la quatrième partie, l'écriture est d'une autre main ; mais le nouveau copiste ne paraît pas avoir été plus instruit que le premier.

On ne saurait décider si cette copie a été faite sur l'original ou sur une autre copie de seconde main ; mais il est évident que la première page du manuscrit, qui a servi à la transcription de la copie de Cambridge, était tellement usée, que plusieurs passages étaient illisibles. Ce fait se trouve constaté par de nombreux vides ou blancs qu'a laissés le copiste, quand il n'a pu déchiffrer ces passages. Dans notre édition, ces blancs sont indiqués par des points, et nous avons mis en lettres italiques les mots qu'une main de la même époque ou d'une époque postérieure a essayé ou est parvenu à déchiffrer.

Les trois premières parties contiennent de nombreuses erreurs dans le texte et dans les exemples; il a fallu refaire les calculs. Malgré nos soins, malgré les savants conseils dont a bien voulu nous aider notre obligeant confrère M. Guiraudet, professeur à la Faculté des sciences de Lille, nous ne répondons pas d'avoir toujours réussi à résoudre les difficultés que présentait cette copie. Les trois dernières parties offraient aussi beaucoup d'irrégularités que nous avons dû chercher à rectifier; mais nous l'avons toujours fait avec la plus grande discrétion et en respectant le plus possible le texte, tout obscur qu'il fût parfois.

M. Fétis, à l'article Walter Odington de sa « Biographie universelle de musiciens », signale un manuscrit connu, dit-il, sous le nom de « Tiberius » (B. IX, n° 3) du Musée britannique, comme contenant un traité de la notation de la musique mesurée, à la fin duquel on trouve ces mots : « Hæc Odyngtonus ». M. Fétis ajoute qu'il ignore si ce petit ouvrage est extrait de celui de Cambridge, n'en ayant pas fait collation lorsqu'il a examiné ce manuscrit en 1829; mais ce manuscrit était déjà brûlé avant que M. Fétis fût né. Ce n'est donc pas dans ce manuscrit, mais dans une copie faite pour le docteur Pepusch qu'il aurait pu lire cet extrait, lequel ne comprend que le paragraphe « de generibus cantuum organicorum ».

Le traité de Walter Odington est surtout important pour l'étude du rhythme musical au moyen âge. Tout ce qu'il dit des diverses espèces de déchants en usage de son temps, est d'autant plus intéressant, qu'il accompagne ses explications d'exemples assez développés et propres à éclaircir la théorie souvent obscure des autres didacticiens.

VI

TRAITÉ DE MUSIQUE DU NOMMÉ ARISTOTE.

Le nom d'Aristote cache évidemment un pseudonyme dont on n'est pas encore parvenu à soulever le voile. Les premiers éditeurs des œuvres complètes de Bède, dit le Vénérable, ont compris ce traité parmi les ouvrages attribués au savant anglais; mais l'abbé Gerbert et d'autre ont reconnus l'impossibilité de cette attribution. Bottée de Toulmon[1],

---

1 « BULLETIN ARCHÉOLOGIQUE du Comité historique des arts et monuments », t. III, p. 251.

d'après deux passages du « Speculum musicæ » de Jean de Muris, a montré que ce traité a pour auteur le nommé Aristote. En 1852, nous avons signalé à l'attention des érudits l'existence d'un manuscrit de la Bibliothèque impériale de Paris, contenant une copie de ce traité. Ce manuscrit qui porte aujourd'hui le n° 11266 du fonds latin, a été successivement la propriété de Perne et de M. Fétis, sans que ces savants se soient aperçu de l'identité de ce document avec celui qu'on avait imprimé sous le nom de Bède.

Quel était le véritable nom de cet Aristote ? On ne le sait. A quelle époque vivait-il ? Tout porte à croire qu'il florissait peu avant Francon ou à peu près au même temps.

Deux manuscrits contiennent le traité de cet Aristote : celui que nous venons de citer et qui a servi de base à notre édition, et un autre qui existe aussi à la Bibliothèque impériale de Paris, sous le n° 659 du fonds de Saint-Victor ; mais celui-ci ne renferme qu'un fragment de la partie relative au plain-chant ; il ne nous a été d'aucun secours, le texte en étant incomplet et incorrect.

M. Fétis signale un manuscrit de la bibliothèque d'Oxford, sous le n° 2265, comme renfermant une copie complète de l'ouvrage de cet Aristote ; mais les recherches que, sur notre demande, M. Parker a eu l'obligeance de faire faire, n'ont donné qu'un résultat négatif. « Le manuscrit n° 2265 de la bibliothèque Bodléienne, aujourd'hui n° 77, dit-il, est un petit in-4° qui contient : 1° un commentaire de Boèce « de Musica », dans l'introduction duquel est mentionné le nom de Pierre de Blois ; 2° un traité intitulé « Musica manualis », dont la deuxième partie porte pour titre « Tonale ». — « Nous avons parcouru plusieurs autres manuscrits, ajoute-t-il, mais nous n'avons pu trouver ce que vous cherchez. Il paraît donc que M. Fétis a fait une erreur en indiquant le n° 2265 comme un manuscrit de la Bodléienne renfermant le document que vous demandez. »

Heureusement, le manuscrit qui a appartenu à M. Fétis est très-correct. Il y manque les deux premiers feuillets ; nous y avons suppléé au moyen de l'édition des œuvres de Bède. Ce traité n'est pas moins important pour le chant ecclésiastique que pour la musique mesurée.

VII

TRAITÉ SUR LES TONS PAR PIERRE DE LA CROIX.

Le nom de Pierre de La Croix (« Petrus de Cruce ») se rencontre dans les traités de Robert de Handlo, de Jean Hanboys et de Jean de Muris, comme auteur d'un ouvrage sur la musique mesurée, où est indiquée une méthode particulière de notation, pour distinguer les semibrèves majeures des semibrèves mineures. Pierre de La Croix a composé aussi un traité des tons, que nous publions d'après un manuscrit du fonds Harléien, n° 281 du Musée britannique. C'est dans ce traité que l'on voit que Pierre de La Croix était d'Amiens ; M. Fétis lui donne la qualification de prêtre, mais il ne dit pas d'après quel document.

Nous croyons reconnaître Pierre de La Croix dans le maître de Notre-Dame de Paris que l'anonyme du Musée britannique, dont il sera parlé au n° XII, désigne sous le titre de « Petrus optimus notator ». Pierre de La Croix est effectivement mentionné par R. de Handlo, par J. Hanboys et par J. de Muris pour sa méthode particulière de notation. Dans ce cas, Pierre de La Croix aurait été l'élève et le successeur de maître Robert de Sabillon et aurait vécu dans la seconde moitié du XIIe siècle.

Il y a en outre de fortes présomptions de croire que le traité de musique mesurée de Pierre de La Croix est celui que nous avons publié dans notre « Histoire de l'harmonie au moyen âge » parmi les documents inédits, sous le n° VI, page 274.

VIII

ABRÉGÉ DE MAITRE FRANCON PAR JEAN BALLOCE.

On ne sait absolument rien sur Jean Balloce. On ignore ce qu'il était et à quelle époque il vivait. Son abrégé de Francon est presque la copie littérale du traité de Francon de

Paris, publié dans notre « Histoire de l'harmonie au moyen âge », p. 265. Nous avons extrait cet abrégé de la Bibliothèque impériale de Paris, fonds latin, n° 659. On a ici la preuve que la doctrine de Francon de Paris avait de la réputation et faisait réellement autorité.

IX

ANONYME I. — TRAITÉ DES CONSONNANCES.

Ce traité se trouve dans un manuscrit de la Bibliothèque royale de Bruxelles, portant le n° 10,162. Ce manuscrit, qui renferme en outre les traités de Gui d'Arezzo, d'Odon, de Bernon et d'un autre anonyme du XIVᵉ siècle, provient de l'abbaye de Saint-Laurent de Liége, où il portait le n° 211. L'auteur a dû vivre à une époque voisine de celle où florissaient les deux Francon, car la doctrine de déchant qui y est enseignée est la même que celle de ces mensuralistes. L'écriture est du XVᵉ siècle ; mais une note qui se trouve au bas du folio 48, où on lit ces mots à propos de portées restées vides dans le manuscrit : « Si hic est defectus, nescio, quia in libro ex quo scripsi (de S.-Jacobo) adhuc magis est spatium derelictum », prouve que ce manuscrit est la copie d'un autre probablement plus ancien.

Nous donnons aujourd'hui le nom d'intervalles à ce que l'auteur de ce traité appelle consonnances. Les consonnances se nommaient alors concordances ; et les dissonnances, discordances.

X

ANONYME II. — TRAITÉ DE DÉCHANT.

Ce traité, dont nous avons déjà parlé ailleurs[1], est tiré d'un manuscrit de la bibliothèque de Saint-Dié. Il contient deux parties distinctes : la première est relative à la

---

[1] « NOTICE sur un manuscrit musical de la bibliothèque de Saint-Dié; Lille, 1859.

notation de la musique mesurée ; ce n'est pour ainsi dire qu'une copie des règles de Francon de Paris. La seconde est relative au déchant ; l'enseignement y porte sur cette harmonie dans laquelle le chant, donné pour thème, est considéré comme partie inférieure et comme partie supérieure. Ce traité est particulièrement intéressant à cause de cela.

XI

ANONYME III. — DU CHANT MESURÉ.

Dans son traité, qui est également extrait du manuscrit de Saint-Dié, on remarque aussi deux parties distinctes : l'une ayant pour objet la notation proportionnelle ; l'autre, le déchant. La première est presque la copie littérale du traité de Francon de Paris ; la seconde est à peu de choses près la doctrine de déchant telle qu'elle est enseignée dans le traité de déchant vulgaire.

XII

ANONYME IV. — DE LA MESURE ET DU DÉCHANT.

Le traité que nous publions sous ce titre est sans contredit le document le plus important de cette époque. Il est étonnant qu'en raison de son importance, en partie révélée par Hawkins, il n'ait pas attiré l'attention spéciale des érudits. C'est à la savante perspicacité de notre excellent ami M. William Chappell, l'auteur d'un remarquable ouvrage sur les chants populaires en Angleterre, que nous sommes redevable de la communication de ce traité. Qu'il veuille recevoir nos vifs remercîments, non-seulement pour cette communication, mais aussi pour les soins et la peine qu'il s'est donnés à collationner notre copie avec le manuscrit ancien, dont l'écriture est souvent difficile et chargée d'abréviations.

Ce traité existait autrefois dans le manuscrit du Musée britannique, coté : « Tiberius », B. ix, fonds cottonien ; mais ce manuscrit a été presque entièrement dévoré par l'incendie qui détruisit la biblothèque cottonienne à Westminster. Ce qui reste du manuscrit « Tiberius » ne contient plus rien de ce traité; mais le même dépôt en possède une copie, qui a été faite d'après ce manuscrit par le docteur Pepusch; elle porte le n° 4909 du supplément. Enfin il existe dans la même bibliothèque un autre manuscrit du xiiie siècle (Royal manuscrit, 12, c. vi), contenant le même traité. Comme on n'a aucune notion ni sur l'auteur de ce document, ni sur l'époque où il vécut, il peut ressortir des renseignements importants de la date de l'écriture du manuscrit. Le rédacteur du catalogue du Musée britannique la fixe au xiiie siècle; mais cela n'offre rien de certain et de précis. Un savant expert en cette matière, sir Fréderic Madden, conservateur en chef du département des manuscrits, après un examen attentif, estime que le manuscrit est du milieu du xiiie siècle, et qu'en tout cas il n'a pas été écrit postérieurement à 1270. Un examen approfondi du traité en question nous a convaincu que l'auteur vivait sous Richard Ier Cœur-de-Lion ou sous Jean-sans-Terre, c'est-à-dire entre 1189 et 1215, ce que nous démontrerons d'une manière détaillée dans notre ouvrage intitulé : «.Musique harmonique et musiciens harmonistes aux xiie et xiiie siècles. »

C'est dans ce traité qu'on trouve les noms des plus anciens maîtres de chapelle de Notre-Dame de Paris, et une série de savants maîtres français, anglais, espagnols et lombards. C'est ce document qui nous a mis sur la voie de la découverte de plusieurs compositions des plus célèbres artistes des xiie et xiiie siècles; c'est encore grâce à ce traité que l'on connaît l'existence de deux Francon, Francon premier et Francon de Cologne, et que nous avons été mis à même de démontrer que Francon premier était de Paris et qu'on possède son traité de musique mesurée. Enfin ce document contient une foule d'autres renseignements précieux pour l'histoire de la musique mesurée de cette époque.

XIII

ANONYME V. — DU DÉCHANT.

Ce petit traité se trouve à la suite du précédent dans la copie du docteur Pepusch; dans le manuscrit (Royal manuscrit, 12, c. vi) il est placé avant le précédent. Le catalogue en fixe la date au xive siècle. La doctrine qui s'y trouve enseignée est à peu près celle de cette époque.

XIV

ANONYME VI. — TRAITÉ DES FIGURES OU NOTES.

Ce traité était placé à la suite du précédent dans le manuscrit « Tiberius », B, ix. Dans le Manuscrit royal, 12, c. vi, il se trouve entre les deux précédents. Le catalogue en fixe la date au xive siècle. Ce document donne des éclaircissements sur la doctrine de Philippe de Vitry. Les exemples sont surtout utiles à consulter.

XV

ANONYME VII. — TRAITÉ SUR LA MUSIQUE.

Ce traité se trouve dans un manuscrit de la Bibliothèque impériale de Paris sous le no 6286 du fonds latin. Il provient de l'ancien fonds du Puy. Ce document est l'œuvre d'un didacticien qui paraît avoir vécu au xiie siècle ; la doctrine qui s'y trouve enseignée se rapproche bien plus de la doctrine vulgaire, rapportée par Jérôme de Moravie, que de celle de Francon de Cologne. Il est probable que ce traité appartient à l'un des auteurs mentionnés par l'anonyme du Musée britannique, signalé plus haut sous le n⁰ xii.

XVI

RÈGLES DE ROBERT DE HANDLO.

Robert de Handlo est un musicien anglais du xive siècle. On ne sait rien ni sur sa personne, ni sur le lieu de sa naissance. Il a écrit une sorte de commentaire sur Francon, qui porte la date de 1326. Ce traité existait autrefois dans le manuscrit « Tiberius », c. IX, aujourd'hui presque entièrement anéanti. Heureusement, une copie faite pour le docteur Pepusch, et qui est au Musée britannique sous le n° 141, nous a conservé l'ouvrage de Robert de Handlo. Ce n'est point, comme le prétendent Hawkins et, d'après lui, Burney, Forkel et M. Fétis, un commentaire sur le traité de Francon de Cologne, mais sur celui de Francon de Paris. Ce n'est pas non plus un dialogue entre l'auteur et des interlocuteurs du nom de Pierre de La Croix, Pierre le Viser, Jean de Garlande, mais un véritable commentaire qui s'appuie sur des passages tirés de ces auteurs. Hawkins, Burney, Forkel et M. Fétis sont donc dans l'erreur à cet égard.

XVII

ABRÉGÉ DE MAÎTRE JEAN HANBOYS SUR LA MUSIQUE.

Jean Hanboys est également un musicien anglais qui vivait au XIVᵉ siècle. D'après Jean Bale[1], il avait des connaissances étendues dans les sciences et les arts, particulièrement dans la musique. Pits[2] en parle aussi avec le plus grand éloge. Ces deux écrivains placent l'époque la plus florissante de sa vie vers 1470. La chronique de Holinshed (t. II, p. 1355) le fait vivre sous Edouard IV, roi d'Angleterre.

Le traité de Jean Hanboys est contenu dans un manuscrit latin du Musée britannique, inscrit au catalogue particulier sous le n° 209 et sous le n° 8866 du supplément général; le manuscrit est du XVᵉ siècle. L'ouvrage de Jean Hanboys y commence au f° 64. Il est précédé d'un traité intitulé : « Quatuor principalia totius artis musicæ », et commençant par ces mots : « Quemadmodum inter tritica et zizania », que Tanner attribue à Hanboys et Ant. Wood à Thomas de Tewkesbury. Burney démontre que ce dernier ouvrage se trouve dans un manuscrit d'Oxford sous le nom de Tunstede. Le traité qui est incontestablement de Jean Hanboys est celui que nous publions.

[1] « Summarium illustrium majoris Britanniæ scriptorum », p. 40.

[2] « Relationum historicarum de rebus Anglicis », p. 662.

Une singularité que nous devons signaler est celle-ci : Hanboys commence son commentaire par la reproduction du « Proœmium » et d'une partie du chapitre I du traité de Francon de Cologne; et plus loin, quand il cite le texte de Francon, ce n'est pas celui de Francon de Cologne, mais celui de Francon de Paris.

Le traité de Jean Hanboys est important pour la notation musicale de cette époque. Parmi les musiciens dont les noms sont invoqués comme autorité, on remarque : Robert de Brunham, Pierre de La Croix, Jean de Garlande, W. de Duncastre et Robert Trowel.

Nous avions d'abord l'intention de publier, dans le premier volume de notre collection, le livre VII du « Speculum musicæ », de Jean de Muris, parce que c'est moins un traité sur la musique mesurée de son temps qu'un commentaire de la doctrine franconienne; mais nous avons trouvé préférable de donner la place qu'aurait prise Jean de Muris, au traité du Musée britannique, mentionné plus haut sous le n° XII, à cause de son importance extrême pour l'étude de l'art à cette époque.

Avant de terminer nous aimons à rappeler que les types de notation musicale employés pour l'impression de notre livre, ont été gracieusement mis à notre disposition par les RR. PP. bénédictins de Solesmes, qui les ont dessinés et fait graver pour une nouvelle édition de chants romains, dont ils ont confié l'impression à M. Vatar, de Rennes. Mais comme ces beaux types étaient insuffisants pour représenter tous les signes de la notation mesurée des XIIe et XIIIe siècles, nous avons fait graver et fondre un certain nombre de notes et signes supplémentaires.

www.ingramcontent.com/pod-product-compliance
Lightning Source LLC
Chambersburg PA
CBHW060608050426
42451CB00011B/2148